Ein Frühlingsstrauß für dich

Geschichten für die Seele

benno

Ein Korb Ostereier

„Wenn du Lust hast, begleite mich ein Stück", sagte er zu mir. Ich tat ihm den Gefallen. Wir fuhren ungefähr 50 km vor die Stadt in ein großes reiches Dorf. Vor einem behäbigen, weit ausladenden Bauernhof machte er halt. Es dauerte eine kurze Zeit, bis ihn der Besitzer empfing.

„Sie werden sich meiner nicht erinnern", sagte der Fremde, „es war genau wie heute vor vielen Jahren am Ostersonntag. Ich kam damals in meiner größten Not zu Ihnen und bat Sie um ein Stück Brot."

„Damals kamen viele", sagte der Bauer.

„Eben. Aber Sie hatten ein gutes Herz. Sie gaben mir nicht nur das erbetene Stück Brot. Sie gaben mir auch zwei rote Ostereier dazu und ein kleines Stück Speck. Ich habe Ihnen das nie vergessen. Ich war damals am Ende meiner Kräfte. Ohne Sie wäre ich verhungert."

„Ich kann mich nicht erinnern, aber es ist möglich", sagte der Mann, ein wenig beschämt und beglückt zur gleichen Zeit, „es ist so lange her ..."

Mein Freund nickte: „Ich hatte mir damals, als ich beschenkt von Ihrer Tür wegging, vorgenommen, es Ihnen eines Tages zu vergelten. Heute geht es mir wieder gut. Ich habe Ihnen darum einen ganzen Korb Ostereier mitgebracht und einen Osterschinken dazu – würden Sie mir die Freundlichkeit erweisen, diese Gabe als Zeichen meines Dankes entgegenzunehmen?“ Der Bauer stand verwirrt.

Wir fuhren weiter mit dem Wagen in ein zweites Haus, nicht allzu weit vom ersten entfernt. Hier empfing uns die Hausfrau.

„Am Ostersonntag vor wie viel Jahren?“, fragte sie, „nein, ich erinnere mich wirklich nicht – es war damals eine harte Zeit ...“ „Aber Sie hatten ein weiches und gutes Herz“, sagte mein Freund, „Sie schenkten mir zwei rote Ostereier und ein großes Stück von Ihrem Osterbrot, ich erinnere mich noch genau, es waren Mandeln und Rosinen darin. Heute bin ich gekommen, Ihnen zu danken, was

Sie seinerzeit Gutes an mir taten. Darf ich diesen Korb mit roten Ostereiern und einem Osterkuchen obenauf als kleines Zeichen meiner Dankbarkeit für Ihre Nächstenliebe auf den Tisch stellen?"

„Sie beschämen mich", sagte die Frau und begann zu weinen.

Das ging so drei, vier Häuser weiter, beim siebenten Hof, wo wir vorfuhren – und ich sah noch eine Anzahl Körbe mit roten Ostereiern in seinem Wagen, wir waren also noch nicht am Ende –

fragte ich ihn verwundert: „Dir muss es in diesen Tagen gar nicht so schlecht gegangen sein, wenn du überall am Ostersonntag zwei Ostereier und hier ein Stück Speck, dort einen Kuchen und da wiederum ein Stück Wurst bekommen hast; alles an einem Tag, wie gut muss es dir da gegangen sein!"

Mein Freund hielt den Wagen an. „Es ging mir nicht besser als den anderen. An allen Türen, wo ich anklopfte, wurde ich barsch abgewiesen. Ich habe nicht ein einziges Osterei bekommen, geschweige ein Stück Brot oder Speck."

„Überall dort, wo wir heute waren?"

„Genau in diesen Häusern. Genau von denselben Menschen."

„Warum bringst du ihnen dann diesen Korb mit Eiern und ein anderes Geschenk obenauf und bedankst dich bei denen, die dir nicht halfen?" Mein Freund lächelte leise.

Er antwortete: „Wenn man den Menschen sagt, sie hätten einmal etwas Gutes getan, auch wenn sie sich nicht daran erinnern – so glauben sie gern daran, dass sie ihre gute Tat nur vergessen haben. Man kann ihnen einreden, gut gewesen zu sein. So etwas glaubt jeder gern. Und vielleicht tut er daraufhin heute oder morgen wirklich einmal etwas Gutes und hilft einem Menschen, der es nötig hat. Ist das nicht einen Korb Ostereier wert?"

Jo Hanns Rösler

Warum die Ostereier bunt sind

Vor langer, langer Zeit gab es noch keine bunten Ostereier. Sie waren so weiß, wie die Hühner sie gelegt hatten. Die Osterhasen kochten sie ab und versteckten sie in der Osternacht im Garten und auf den Wiesen. Aber da passierte es einmal, dass es in der Osternacht schneite. Es schneite und schneite und wollte gar nicht mehr aufhören. Als die Kinder am Ostermorgen aus dem Fenster sahen, war alles weiß. Und als sie draußen überall nach den Oster-

eiern suchten und suchten, fanden sie kein einziges. Wie sollten sie auch im Schnee weiße Eier entdecken? Mit rot gefrorenen Nasen und kalten Füßen kamen die Kinder enttäuscht und traurig zurück. Ein kleiner Hase saß am Wegrand und dachte: „Wir sollten die Eier bunt färben, damit man sie auch im Schnee finden kann!" Er lief nach Hause und berichtete von seinem Einfall. „Das ist eine gute Idee!", sagte der Hase Kaspar, der ein begeisterter Landschaftsmaler war. Und er malte gleich ein paar Mustereier. Die Hasenkinder wollten auch Pinsel und Farben haben. Sie übten und übten. Als es Sommer war, stöhnte die Hasenmutter: „Ich kann keine Rühreier und Pfannkuchen mehr sehen! Und die Backen tun mir schon weh vom Eierausblasen." Denn selbstverständlich übten die Hasen an ausgeblasenen Eiern. Die schönsten hängten sie an die Bäume. Dort schaukelten sie lustig im Wind. Alle, die vorbeikamen und es sahen, freuten sich daran. Noch heute findet man in manchen Gegenden solche bunt geschmückten Osterbäume. Die Hasenkinder aber konnten das nächste Osterfest kaum abwarten, wo sie ihre Kunst an echten Eiern endlich ausprobieren konnten. Seitdem gibt es bunte Ostereier! Und seitdem finden die Kinder sämtliche Ostereier. Auch wenn es mal an Ostern geschneit hat.

Unbekannt

Fünf Merksätze für den Umgang mit Osterhasen

1. Wenn du einem Osterhasen begegnest, der sich nicht von der Stelle rührt, dann ist er wahrscheinlich aus Plüsch oder Schokolade. Es gibt zwei Osterhasentests: Der Dauertest: Setze dich eine Stunde regungslos dem verdächtigen Hasen gegenüber. Wenn er sich nicht rührt, dann ist er nicht echt. Der Pustetest: Nimm eine Pusteblume und puste die Fallschirmchen in Richtung Hasennase. Wenn der Hase niest, dann ist er echt. Merke: Osterhasen, die niemals hüpfen und niesen, sind wahrscheinlich falsch.
2. Wenn du einem Osterhasen begegnest, der durch den Krautacker hoppelt oder über den Feldweg flitzt, dann handelt es sich in siebenundneunzig von hundert Fällen um einen wilden Hasen. Mit folgendem Test kann man Osterhasen und wilde Hasen unterscheiden. Winke dem Hasen zu, und rufe: „Danke, lieber Osterhase, für die schönen Sachen“. Wenn er zurückwinkt und ruft: „Nichts zu danken, man tut nur seine Pflicht!“, dann ist es ein wilder Hase, der sich verstellt. Merke: Osterhasen geben sich nie als Osterhasen zu erkennen.

3. Behaupte niemals, dass es in Wirklichkeit keine Osterhasen gibt. Sie haben nämlich lange Ohren und können dich hören. Merke: Osterhasen sind sehr schnell beleidigt.
4. Versuche nie, Osterhasen zu beobachten. Sollte es dir tatsächlich gelingen, einen bei der Arbeit zu ertappen, so glaubt dir das sowieso niemand. Und Geschichten, die einem niemand glaubt, taugen nicht viel. Merke: Osterhasen haben ein Recht auf ungestörte Arbeit.
5. Wenn ihr drei Kinder seid und am Ostersonntag bloß zwei Nester findet, dann fangt bloß keinen Streit an. Sucht weiter. Irgendwo hat der Osterhase sicher noch ein drittes Nest versteckt. Merke: Osterhasen haben ein gutes Gedächtnis und können ausgezeichnet zählen.

Norbert Landa

Der enthüllte Osterhase oder Kleine Versteck-Lehre

Verstecken heißt: Spuren hinterlassen. Aber unsichtbare. Es ist die Kunst der leichten Hand.

Rastelli konnte Sachen in der Luft verstecken. Je luftiger ein Versteck, desto geistreicher. Je freier es dem Blick nach allen Seiten preisgegeben, desto besser. Also beileibe nichts in Schubladen, Schränke, unter die Betten oder ins Klavier stecken.

Fairness am Ostermorgen: Alles so zu verstecken, dass es entdeckt werden kann, ohne dass irgendein Gegenstand vom Fleck bewegt werden muss. Es braucht darum nicht frei zu liegen: eine Falte in der Tischdecke, ein Bausch im Vorhang kann schon den Ort verraten, an dem man zu suchen hat. Sie kennen Poes Geschichte

vom „Entwendeten Brief"? Dann erinnern Sie sich sicher der Frage: „Haben Sie nicht bemerkt, dass alle Menschen, wenn sie einen Brief verstecken, ihn, wenn auch nicht gerade in ein ausgehöhltes Stuhlbein, so doch wenigstens in irgendeinem verborgenen Loch oder Winkel unterbringen?" Herr Dupin, Poes Detektiv, weiß das. Und darum findet er den Brief da, wo sein sehr gerissener Gegenspieler ihn aufbewahrt: nämlich im Kartenhalter an der Wand, vor aller Leute Augen.

Nicht in der „guten Stube" suchen lassen. Ostereier gehören ins Wohnzimmer, und je unaufgeräumter es ist, desto besser.

Im achtzehnten Jahrhundert hat man gelehrte Abhandlungen über die seltsamsten Dinge geschrieben: über Findelkinder und Spukhäuser, über die Arten des Selbstmordes und die Bauchrednerei. Ich könnte mir eine übers Eierverstecken ausdenken, die es an Gelehrsamkeit mit den genannten aufnehmen könnte. Sie würde zerfallen in drei Hauptstücke oder Kapitel. Darinnen würde

der Leser bekanntgemacht mit den drei Urprinzipien oder Anfangsgründen aller Verstecke-Kunst.

Ad eins: Das Prinzipium der Klammer. Das wäre die Anweisung zur Ausnutzung von Fugen und Spalten. Der Unterricht in der Kunst, Eier in der Schwebe zu halten zwischen Riegeln und Klinken, zwischen Bild und Wand, zwischen Tür und Angel, in der Öffnung eines Schlüssels so gut wie zwischen den Röhren einer Zentralheizung.

Ad zwei: Das Prinzipium der Füllung. In diesem Kapitel würde man lernen, Eier als Pfropfen auf den Flaschenhals, als Lichter auf den Kerzenhalter, als Staubgefäß in einen Blumenkelch, als Birne in eine elektrische Lampe zu praktizieren.

Ad drei: Das Prinzipium der Höhe und Tiefe. Bekanntlich fassen die Leute zuerst ins Auge, was ihnen in Blickhöhe gegenüber ist; dann schauen sie nach oben, erst ganz zuletzt kümmern sie sich um das, was zu ihren Füßen liegt. Kleine Eier kann man auf Bildleisten balancieren lassen, größere auf dem Kronleuchter, wenn man ihn noch nicht abgeschafft hat.

Aber was hat das alles zu sagen im Vergleich mit der Fülle von abgefeimten Asylen, die wir fünf oder zehn Zentimeter überm Fußboden zur Verfügung haben. Da kommt in Gestalt von Tischfüßen, Sockeln, Teppichfransen, Papierkörben, Klavierpedalen das Gras, in das der echte Osterhase allein seine Eier legt, sozusagen in der Großstadtwohnung zu Ehren.

Und da wir einmal bei der Großstadt sind, soll auch ein Trostwort für die noch dastehen, die zwischen spiegelglatten Wänden in stählernen Möbeln hausen und ihr Dasein, ganz ohne Rücksicht auf den Festkalender, rationalisiert haben. Die mögen sich ihr Grammophon oder ihre Schreibmaschine nur einmal aufmerksam angucken, dann werden sie sehen, dass sie auf kleinstem Raum an ihnen so viel Löcher und Verstecke haben, als bewohnten sie eine Siebenzimmerwohnung im Makartstil.

Und nun wäre es gut, diese gewitzte Liste den Kleinen nicht vor Ostermontag in die Hände fallen zu lassen.

Walter Benjamin

Rätselhaftes Ostermärchen

Der Frackverl🥚her H🥚nrich Osterm🥚🥚 kehrte am ersten Osterf🥚 🥚tage sehr betrunken h🥚m. S🥚ne Frau, 🥚ne wohlbel🥚bte kl🥚ne Dame, betrieb in der Kl🥚ststraße 🥚nen 🥚🥚handel. Sie empfing H🥚nrich mit den Worten: „🥚, 🥚, m🥚n Lieber!“ Dab🥚 drohte sie ihm lächelnd mit dem Finger. Herr Osterm🥚🥚 sagte: „Ich schwöre 🥚nen h🥚ligen 🥚d, dass ich nur ganz l🥚cht angeh🥚tert bin. Ich war b🥚

🥚ner W🥚hnachtsf🥚er des Ver🥚ns Fr🥚g🥚stiger Frackverl🥚her. Dort hat 🥚nes der Mitglieder anlässlich der Konfirmation s🥚ner Tochter 🥚ne Maibowle spendiert, und da habe ich denn sehr viel Rh🥚nw🥚n auf das Wohl des verehrten Jubelgr🥚ses trinken müssen, w🥚l man ja nicht alle Tage zw🥚undneunzig Jahre alt wird.“ Frau Osterm🥚🥚 schenkte diesen Beteuerungen k🥚nen Glauben, sondern sagte nochmals: „🥚 🥚, m🥚n Lieber!“ Worauf ihr Papag🥚 die ersten zw🥚 Worte „🥚 🥚“ wohl dr🥚ßigmal laut wiederholte. Über das Geschr🥚 des Papag🥚s geriet H🥚nrich in solche Wut, dass er 🥚n B🥚l ergriff und sämtliche 🥚🥚 zerschlug. Frau Osterm🥚🥚 wurde kr🥚debl🥚ch und lief, triefend von 🥚gelb, zur Poliz🥚. Ihr Mann aber ließ sich erschöpft auf 🥚nen Stuhl nieder und w🥚nte l🥚se vor sich hin. Bis ihm der Papag🥚 von oben herab 🥚n Oster🥚 in den Schoß warf. Da war alles vorb🥚.

Joachim Ringelnatz

Bibliografische Information der Deutschen Nationalbibliothek
Die Deutsche Nationalbibliothek verzeichnet diese Publikation
in der Deutschen Nationalbibliografie; detaillierte bibliografische Daten
sind im Internet über http://dnb.d-nb.de abrufbar.

Bilder:
Cover: © Natata/Shutterstock
Vorsatz/Nachsatz: © cjrobnme/Fotolia
S. 5: © tunedin/Fotolia
S. 6, 12/13: © drubig-photo/Fotolia
S. 8: © rock_the_stock/Fotolia
S. 11: © nataba/Fotolia, © Julia/Fotolia
S. 15: © famveldman/Fotolia
S. 16: © udra11/Fotolia
S. 16/17: © ssstocker/Fotolia (Eier)

ISBN 978-3-7462-6240-6

Zusammenstellung: Dominique Kreichgauer, Leipzig
Umschlaggestaltung: Ulrike Vetter, Leipzig
Gesamtherstellung: Arnold & Domnick, Leipzig (D)